「致知」の言葉

小さな修養論

5

fujio hideaki

藤尾秀昭

致知出版社

まえがき

境野　勝悟

藤尾さんと出会ってから三十余年になる。知り合って間もない冬のある日、二人で箱根の露天風呂につかり、ゆっくり話し込んだことがある。そのときに藤尾さんがこんな提案をされた。

「先生の話を聞いていると、老荘思想に深く通暁されていますね。ぜひ、そういう話を、致知の愛読者である経営者の皆さんの前で話してもらえませんか」

思ってもみなかったことで、びっくりした。わたしにそんなことができるとはとても思えなかったので、辞退すると、

「いや、先生の言葉は、中小企業の経営者の心に必ず響きます」
と、なおも言われた。その言葉に背中を押されて、老荘思想の講義をお引き受けすることになったのだ。

幸いなことに、その講義は評判がよく、『老荘思想に学ぶ人間学』という一冊の本として全国出版することが決まった。本のまえがきを誰かに依頼しようという話になり、

「どなたか尊敬している方はいますか？」

と聞かれたので、京都大学の会田雄次先生の名前を挙げた。

わたしは高校の教員時代、講談社から出版された「会田雄次著作集」全十一巻を手元に置いて、先生の思想を丁寧に学んだ。学識高き先生は、空の彼方《かなた》にいらっしゃるような憧れの存在であった。

すると藤尾さんは、

「会田先生は『致知』に何度も出ていただいているので頼んでみましょう。ついては一緒に京都に行って会田先生にお会いしましょう」

と言った。事の成り行きに驚きながらも尻込みをしていると、

「人は会えるときに会っておかないと、会えなくなるんですよ」

という厳しい声が返ってきた。


結局、わたしは会田先生と京都で一緒に食事をし、歓談のひとときを過ごさせていただいた。別れ際、会田先生はタクシーの窓から身を乗り出すようにして私を指さし、

「きみの目は、いい！　むつかしく書くヤツはわかっておらん！　きみの目で見て、これからどんどん書きたまえ」

と言葉をかけてくださった。

わたしの胸が、激しく、熱く、燃え広がった。

「人は会えるときに会っておかないと、会えなくなる」

生まれつき、極度に引っ込み思案であったわたしを、ハッとふるい立たせたあの力強い言葉を、きょうまで、ひとときも忘れたことがない。

『致知』の魅力は、毎月の特集テーマを深掘りしているところにある。それを凝縮した藤尾さんの一文が、冒頭に掲載されている。それを読むのを、いつも楽しみにしている。

その一文がまとめられた『小さな修養論5』が、このたび、出版されることになった。本書の最後に「一灯《いっとう》破闇《はあん》」という文章が載っている。

日常が暗闇におそわれたら、この『修養論』にちりばめられた、星の光のようにキラキラした文字の一つ一つの力に、明るい輝きをいただいて、わたしの生きる道をハッキリ見きわめ、穏やかに健やかに生きてゆきたい、と念願している。

令和三年八月

小さな修養論5　＊　目次

第三章 命を燃やして生きる

第四章　感動ある人生を生きる

第五章　学びは無限

※本書中の年号及び肩書き等は、
すべて月刊『致知』掲載当時のものです。

装　幀――スタジオファム
装　画――クマウモレ
　　書――清水義光
編集協力――柏木孝之

第一章

人を育てるもの

読書尚友

読書を通して古《いにしえ》の聖賢《せいけん》を師とする――読書尚友《どくしょしょうゆう》の意である。

吉田松陰が叔父玉木文之進《たまきぶんのしん》の子彦介《ひこすけ》の大成《たいせい》を願って与えた「士規《しき》七則《しちそく》」の中にこの言葉は出てくる。こう記されている。

「人古今《ひとここん》に通ぜず、聖賢を師とせずんば、則《すなわ》ち鄙夫《ひふ》のみ。読書尚友は君子の事なり」

人が歴史に通ぜず古の聖賢を師としなければ、つまらない人間になってしまう、読書を通じて古の聖賢を師とするのが君子のなすべきことだ、という教えである。

「尚友」の原典は『孟子《もうし》』（萬章《ばんしょう》章句下）である。

弘法大師《こうぼうだいし》にもこういう言葉がある。

「人の相知ること、必ずしも対面して久しく語るのみにしもあらず」

必ずしも直接会って語らなくとも、書物を通して師と友を知ることはできる、ということだろう。

思えば、『致知《ちち》』も仕事を通して多くの尚友に巡り合わせていただいた。『致知』の四十年は読書尚友の旅路《たびじ》であったと言える。読書尚友によって、『致知』は今日まで歩ませていただいたという思いが強い。

話は転じる。二〇一九年六月十日、弊社では『致知』別冊として『母』を発行した。サブタイトルは「子育てのための人間学」。予約の段階で五千五百冊余のご注文をいただいた。日本にはいまも子育てに真剣に取り組んでいる若いお母さんがたくさんいることを知った。

一方、悲しい事件もあとを絶たない。先日、西舘好子《にしだてよしこ》さんが発行されている『ららばい通信』に一人の少年が綴《つづ》った「僕の声を聞いて」という文章が掲載されていた。紹介する。

「おかあさん　ぶってもけってもかまわないから　僕を嫌いにならないで。おかあさん　おねがいだから僕の目をちゃんと見て。

おかあさん　おまえを生まなければよかったなんていわないで
僕は今ちゃんと生きているんだから。おかあさん　優しくなくてもいいから、僕に触《さわ》って。おかあさん　赤ちゃんの時抱いてくれたように抱いて。おかあさん　僕の話にうなずいてくれないかなあ。

つらい、悲しい、もうダメ、お母さんの言葉ってそれしかないの。

赤い爪魔女《つめまじょ》みたい、ゴム手袋のお台所、お部屋のあちこちにある化粧品、僕の家のお母さんのにおい、僕の入れない世界で満ちている。

おかあさん　お母さんの匂いが欲しい、優しい懐かしいにおいが。

おかあさん　お願いだから手をつなごう、僕より先に歩いて行かないで。おかあさん　お願いだから一緒に歌おう、カラオケ屋じゃないよお家《うち》でだよ。おかあさん　５００円玉おいてくれるより、おにぎり一個のほうがうれしいのに。おかあさん　笑わなくなったね、僕一日何度おかあさんが笑うかノートにつけているの」

少年の悲痛な声は母に届いただろうか。

詩人の坂村真民《しんみん》さんのお母さんは五人の子供を女手ひとつで育てる生活の中で、辛い苦しいと言う代わりに、「念ずれば花ひらく」という言葉を真言のように唱えて五人の子を立派に育て上げた。

子を産み育てることは何にもまさる大事業である。それだけに現代のお母さんにも読書を通じてよき師よき友と出逢い、よき教えよき言葉に学び、自らのかけがえのない使命を全《まっと》うしてほしいと切願する。

情熱にまさる能力なし

『致知』は二〇一九年十月号で創刊四十一周年になる。縁あって創刊の準備から関わってきた。『致知』一筋四十一年の人生である。もとより浅学非才《せんがくひさい》だが、四十一年、祈るような思いで一号一号の編集に取り組んできた。創刊時も必死だったが、四十一年経ったいまもあの頃にまさるとも劣らない情熱が体の中に燃えていることを四恩《しおん》に感謝したい。

「人に大切なものは知識よりも才能よりも何よりも真剣味であり、

純潔《じゅんけつ》な情熱である」

安岡正篤《まさひろ》《せいとく》師の言である。情熱なきところ、いかなる能力も開花するはずがない。情熱はあらゆる創造の源泉である。

例えば、画家の熊谷《くまがい》守一《もりかず》氏。この人は「狂」の字がつくほど絵に情熱のすべてを懸けた、絵と人生が一体になった人である。世間はこの人を画仙（画の仙人）と評した。

芸術家であれ科学者であれ経営者であれ、誰もが感嘆せずにはいられないような仕事を成した人は皆、自らの仕事に情熱の限りを尽くした人に他ならない。

二〇一九年七月八日、北尾吉孝氏率いるＳＢＩホールディングス創業二十周年を祝う会が帝国ホテルで開催された。創業時の社員五十五人、資本金五千万円。それがいまは社員六千人超、株式時価総額六千数百億円の会社となった。二十年でこれだけの会社に育てられたのはまさに偉業である。

会場で北尾さんの挨拶を聞きながら、ある人の言葉を思い出した。

――「天才とは天の力を借りられる人」。

一代で偉業を成した人は皆、天の力を借りられた人である。エジソン然《しか》り二宮尊徳《そんとく》然り、松下幸之助氏も稲盛和夫氏もそうである。

では、どういう人が天から力を借りられるのか。その第一条件はその人が自らの職業にどれだけの情熱を注いでいるか――この一点にあるように思える。

「誰にも負けない努力をする」――稲盛氏はこれを自らの信条とし、人にも説いてきた。「誰にも負けない努力」を氏はこう表現する。「一点の曇りや邪心《じゃしん》もない純粋な心を持って、燃えるような情熱を傾け、真摯《しんし》に努力を重ねていくこと」。「狂」がつくほどの努力、とも言っている。そういう人に「神はあたかも行く先を照らす松明《たいまつ》を与えるかのように、知恵の蔵《くら》から一筋の光明《こうみょう》を授けてくれる」。

誰にも負けない努力とは、言い換えれば、天が応援したくなるほどの努力、ということだろう。そういう努力をする者のみが天の力を借りることができるのだろう。

二宮尊徳にもこういう言葉がある。

「おおよそ、人の勲功《くんこう》は心と体との二つの骨折りに成るものなり。その骨を折りてやまざれば必ず天助あり」――おおよそ人の勲功は心と体と二つの骨折りでできあがるもので、骨を折ってやまない時は必ず天助がある。

そして、こう付け加えている。

「骨を折れや二三子《にさんし》（そなたたち）。勉強せよ二三子」

先知先賢の一致して説くところを私たちも学びたい。

最後に、坂村真民さんの詩「鈍刀《どんとう》を磨く」を紹介する。

鈍刀をいくら磨いても
無駄なことだというが
何もそんなことばに
耳を借す必要はない
せっせと磨くのだ
刀は光らないかも知れないが
磨く本人が変わってくる
つまり刀がすまぬすまぬと言いながら
磨く本人を
光るものにしてくれるのだ

そこが甚深微妙《じんじんみみょう》の世界だ
だからせっせと磨くのだ
情熱を持って生きることの大事さを説いて珠玉《しゅぎょく》の言葉である。

語らざれば愁なきに似たり

君看《み》よ双眼《そうがん》の色
語らざれば愁《うれい》なきに似たり

この詩の作者については諸説あるが、江戸時代の禅僧・白隠《はくいん》の作というのが定説になっているようである。あの人の眼をご覧なさい、何も語らなかったら何の愁いもないように見えるでしょう、という意味だろう。さらに、何の悲しみもないように見えるが、その眼の奥には深い悲しみが秘められている、と解することもできる。

古来、この詩を愛した人は多い。作家の芥川龍之介も太宰治もこの章句が好きで、よく作品に引用している。良寛は〝愁〟を〝憂〟に置き換えて書にしている。


この詩を前にすると、多くの人生を思わずにはいられないが、ここでは一人に絞り、その人生に触れたい。歌人の吉野秀雄である。

吉野は明治三十五（一九〇二）年、群馬県高崎市の織物問屋の次男として生まれた。慶應義塾大学経済学部在学中に肺を病んで中退。以後、歌の道を志し、二十三歳の折に会津八一《あいづやいち》の歌集『南京新唱《なんきんしんしょう》』に出合って生涯の師と仰ぎ、昭和四十二（一九六七）年七月十三日、六十五歳で没した。著書に『吉野秀雄全集』全九巻、『定本吉野秀雄全歌集』全三巻他、多くの作品を残した。歌人として実に堂々たる人生である。だが、その生涯は深い愁いに満ちたものだった。

昭和二年、二十五歳の春、一歳年下の妻はつと結婚、四児をもうけた。平穏な日々だった。ところが、妻のはつが胃潰瘍《いかいよう》からがんになり、入院一か月もしないうちに、四人の幼児を残して亡くなってしまった。四十二歳だった。

その頃に詠《よ》んだ歌が『寒蝉集《かんせんしゅう》』にある。

病む妻の足頸《あしくび》にぎり昼寝する

末の子をみれば死なしめがたし
をさな児の兄は弟《おとと》をはげまして
臨終《いまは》の母の脛《すね》さすりつつ
亡骸《なきがら》にとりつきて叫ぶをさならよ
母を死なしめて申訳もなし

その妻は亡くなる前夜、夫婦の交わりを求めた。壮絶な三首がある。

真命《まいのち》の極みに堪へてししむらを
敢《あえ》てゆだねしわぎも子あはれ

これやこの一期《いちご》のいのち炎立《ほむらだ》ち
　せよと迫りし吾妹《わぎも》よ吾妹
ひしがれてあいろもわかず堕地獄《だぢごく》の
　やぶれかぶれに五体震《ふる》はす

この三首について評論家の山本健吉は「これほど厳粛《げんしゅく》なものとして詠まれた男女交合の歌はほかにない」といい、「こういう歌を作るにはやはり作者の大きな勇気がいります。人生の厳粛な真実に、おめずに立ち向かう勇気です」と書いている。

愛妻を亡くし四児をかかえて途方に暮れていた時、家事手伝いに来てくれたのが詩人の八木重吉《やぎじゅうきち》の未亡人とみ子だった。「自分は一生意地悪ということのできない性分」と言うとみ子はよく働き、明るく優しい人で、二人は昭和二十二年の秋に結婚した。その頃に詠んだ二首。

うつし世の大きな悲しみを三たびまで
　凌《しの》ぎし人は常にやさしき
かたはらに襤褸《ぼろ》をつづくる妻居《お》りて
　この落ちつきのおもひありがたし

平穏がしっかり根を下ろしたかのような日々。しかし、長くは続かなかった。

不幸は突然に来た。芸大日本画科に首席で入学したほどの才能を持つ長男の陽一が発狂したのである。昭和四十年五月、陽一、三十六歳の時だった。吉野は書いている。

「眼前でせがれが発狂する。実に突飛《とっぴ》なことだが、それが人生の実相《じっそう》なのだ。……あわれなせがれはわたしをほんものの歌よみにするためのごとくに発狂してしまったのだろうか」

人は悲しいものである、とある人は言っている。人は皆、人にいえない悲しみを抱いて生きている、とも言える。吉野の人生も〝語らざれば愁なきに似たり〟を象徴したような人生であった。

相田みつをさんも白隠のこの言葉を愛し、「憂い」という詩を書いている。その一節――。

文字にもことばにも
到底表わせない
ふかい憂いを
おもいかなしみを
こころの底ふかく
ずっしりしずめて
じっと黙っているから

まなこが澄んでくるのです
澄んだ眼の底にある
ふかい憂いのわかる人間になろう
重いかなしみの見える眼を持とう

『じぶんの花を』文化出版局
Ⓒ相田みつを美術館

悲しみを抱いて生きていくことの大事さ、人の悲しみが分かることの大事さが身に沁《し》みてくる詩である。語らざれば愁いなきが如く、私たちも眼を澄ませ、自らの人生を切り開いていきたい。

精進する

精進《しょうじん》とは、励んで怠らないことである。ひたむきに人格形成に励み努めること、とも言える。

先日、タビオの越智直正《おちなおまさ》会長より、八十歳になったのを機に自分の人生を支えた言葉を編集してみた、と一冊の冊子をいただいた。

その冒頭に次の言葉が記されていた。

もろびとの思い知れかし己《おの》が身の

誕生の日は母苦難の日なりけり

『父母恩重経《ぶもおんじゅうきょう》』の言葉である。これは年初に出版した『人生心得帖《ちょう》』の冒頭に記した言葉なので、その符合《ふごう》に深く感ずるものがあった。

『人生心得帖』にも書いたことだが、この言葉には思い出がある。森信三《のぶぞう》《しんぞう》先生九十三歳の誕生日に花を贈ったことがある。先生からお礼のハガキをいただいたが、そこにはただこの言葉だけが記されていた。深い内省を促されるおハガキであった。

母は十月十日《とつきとおか》お腹に子を宿し、そして文字通り命懸けで子を産む。

このプロセスはまさに精進そのものである。すべての命は母の懸命な精進によってこの世に誕生するのである。

こうも言える。十月十日、母は子を受胎《じゅたい》し成長させていくが、その子を成長させるのは母の力ではない。母の力を超えた大きな働きがあって、子は成長していくのである。

生きるとは息をすることである。息をするのをやめた時、人は死ぬ。しかし、息は人間が意思し努力してするわけではない。人間を超えた大きな力が働いて私たちは息をしている。心臓が休みなく鼓動しているのも同じである。人知人力《じんちじんりょく》の及ぶべくもない大きな力の間断《かんだん》のない働き、精進によって私たちの生がここにある。即ち生命と精進は一体なのである。絶えざる精進のないところに生命はない。

「釈迦《しゃか》の人生観は精進の二字に尽きる」と言ったのは松原泰道《たいどう》師である。百一歳まで求道《ぐどう》精進に生きた人の言葉だけに心に残っている。

事実、釈迦は八十歳で亡くなるまで、熱砂《ねっさ》の中を布教に歩いた。

『大般涅槃経《だいはつねはんぎょう》』にこう記されている。

「阿難《あなん》よ、私は老い衰えた。齢《よわい》すでに八十に及ぶ。阿難よ、たとえば古い車は革紐の助けによってやっと動くことができるが、思うに、私の身は革紐の助けによってやっと動いているようなものだ」

そういう状態の自分を廃車寸前になぞらえながら、

「心ある人の法は老ゆることなし」

――心に真理を具えている人は身体は老いていても、心が老いることはない、と言っている。
「この釈尊の言葉を受け、私も一所懸命勉強している」と言っていた百歳の泰道師の声がいまも耳に残っている。

『遺教経《ゆいきょうぎょう》』のこの言葉も味わい深い。
「汝等比丘《なんじらびく》、もし勤めて精進すれば、則ち事として難き者なし。この故に汝等当《まさ》に勤めて精進すべし。たとえば少水の常に流れて則ち能《よ》く石を穿《うが》つが如し」

精進すれば必ず道を成就できる。少ない水でも常に流れていれば石に穴を開けることができるようなものだ、というのである。何度も読み返し、自分のものにしたい言葉である。

そして、臨終に際し弟子たちに語った言葉。

「では比丘たちよ、私はお前たちに告げよう。すべてのものは移りゆく。怠らず努めよ」

釈迦の人生はこの言葉に凝縮《ぎょうしゅく》している。母の精進によって生を得た私たちもまた、精進をもって自分の人生を全うしたい。

語らざれば
愁なきに
似たり

第二章

道をひらく

自律自助

弊社主催「古典に学ぶ経営哲学塾」でＪＲ東海の葛西敬之《かさいよしゆき》名誉会長の話を伺い、深く感ずるものがあった。その一部概要を紹介する。

葛西氏は昭和三十八年に国鉄入社。当初は国鉄の枠の中で与えられた使命をいかに完遂するかに集中して仕事をしてきた。だが、その国鉄は赤字と累積債務《るいせきさいむ》が拡大し、経営危機に陥る。折しも、国の財政も破綻《はたん》をきたしていた。となれば増税である。しかし、国民の反対は免《まぬか》れない。そこで政府は増税なき財政再建をテーマに行政改革を決意し、第二次臨時行政調査会をスタートさせた。国家財政再建には、まず国鉄の問題を解決しなければ先へ進めない。ということで、国鉄問題は増税なき財政再建のメーンテーマとなった。

国鉄で予算と長期計画と労働問題の三つを経験してきた葛西氏は、第二臨調の担当調査役に任命された。これがきっかけで氏は国鉄の分割民営化及びＪＲ東海の創業に携《たずさ》わり、以後三十余年、ＪＲ東海の発展に懸命に尽力、今日に至ることになる。

国が経営する巨大組織、国鉄はなぜ崩壊したのか。当時、国鉄は毎年国から七千億円を超える助成金を受けていた。にもかかわらず、毎年の赤字は一兆円を超えていた。赤字最大の要因は労働生産性の低さにあった。人件費が年収の九十％近くを占めていたのである。稼いだ金の九十％近くが賃金に支払われるという異常状況にあった。

しかも一方では東北・上越新幹線を建設中で、経常的な赤字分に加え、その工事費分も借金で賄《まかな》っていたため、毎年二兆円ずつ借金が増える。昭和五十六年当時、借金の合計は十六兆円を超えていた。借金が利子を生み、その利子が新たな借金を生む。国鉄の台所はまさに借金で火だるま状態になっていたのである。

なぜこのような状態になったのか。公共企業体という組織のあり方そのものに原因があった、と葛西氏は言う。公共企業体は国の一部であり、運賃、賃金、要員総数、設備投資など予算すべてが国会で決まるが、国会の議決には国鉄労働組合が支持母体となっている社会党の合意が必要であるなど、迅速かつ合理的な意思決定ができない。こういう状況では対策は常に不十分で時期遅れとなる。そこに国鉄赤字の真因があった。この根本的解決には、一旦国鉄を解体、清算する必要がある。ということで、国鉄の分割民営化に向けた取り組みがスタートし、昭和六十二年にＪＲ各社が誕生した。

この国鉄崩壊の事実から我々が汲み取るべきものは何か。自律自助《じりつじじょ》のないところにはどんな経営も成り立たない、ということである。自律とは自分で自分を律すること。他に振り回されず、自分をコントロールし、自分のリズムを創っていくことである。自助とは自分で自分を助けること。「自分の力で自分の向上発展を遂げること」と辞書にある。即ち自律自助とは依存心を捨て、すべてを自分の責任として対処していくことだと言える。人や環境のせいにせず、自分の最善を尽くすことだとも言える。

「天は自ら助くる者を助く」という格言がある。自律自助の精神がある人にのみ、天はその力を与えてくれる、ということだろう。

明治初期、福澤諭吉《ゆきち》『学問のすゝめ』と共にベストセラーとなったサミュエル・スマイルズ『自助論』の冒頭の言葉をかみしめたい。

「自助の精神は人間が真の成長を遂げるための礎《いしずえ》である。自助の精神が多くの人々の生活に根づくなら、それは活力にあふれた強い国家を築く原動力となるだろう」

いま、日本は自律自助の精神を失ってはいないか。いまこそ私たちは、自律自助の精神をこの国に甦《よみがえ》らせなければならない。

心に残る言葉

先日、美術家の清水義光氏から「達磨面壁九年《だるまめんぺき》」と題する座像を分けていただいた。修行中の達磨を両親が天界から見守っている彫像である。その像と向き合っていたら、こんな言葉が浮かんできた。

達磨面壁九年　凡愚面誌《ぼんぐめんし》四十一年――

達磨は面壁九年坐禅《ざぜん》を組み、悟りを得た。凡愚は四十一年『致知』に向き合ってきたが、人間学の道を歩む凡愚の旅はまだ終わらない、そういう自戒を込めた言葉である。

この四十一年の旅路《たびじ》でたくさんの心に残る言葉に出合った。言葉を伴侶《はんりょ》に歩んだ旅路であったと思う。今年も『致知手帳』に十三の心に残る言葉を記《しる》した「人生心得帖《ちょう》」を付録につけた。この令和二年の「人生心得帖」の第一に置いたのは明恵上人《みょうえしょうにん》の言葉である。

「人は阿留辺畿夜宇和《あるべきようわ》と云《い》う七文字を持つべきなり」

言葉は続く。

「僧は僧のあるべき様《よう》、俗は俗のあるべき様なり。乃至《ないし》、帝王は帝王のあるべき様、臣下は臣下のあるべき様なり。此《こ》のあるべき様を背《そむ》く故《ゆえ》に一切悪《あ》しきなり」

現代風に言えば、上司は上司の、部下は部下の、父母は父母の、子弟は子弟としてのあるべきようを持つことが大事であり、そのあるべきようから外れた時にさまざまな悪が生じる、ということである。いま我々が毎日のように見る事件の本質を、この言葉は衝《つ》いている。心したい言葉である。

四十一年の旅の第一歩を踏み出す時に前オーナーから掛けられた言葉は、『致知』を支える根幹となった。

「『致知』はいま小さな苗木《なえぎ》だ。この苗木を大木《たいぼく》にしてみよ」

「一つの雑誌をものにするのは男子一生の仕事に値《あたい》する」

若い魂はこの言葉に感奮興起《かんぷんこうき》した。

旅の過程では天候の不順や道の阻隘《そあい》やら、いろいろなことに出合った。その都度《つど》、多くの先哲の言葉に鼓舞《こぶ》されてきた。

「古語《こご》に、之《これ》を思い之を思いてやまざれば天之を助く、と云《い》えり。之を勤め之を勤めてやまざれば又天之を助くべし」——二宮尊徳《そんとく》

古語とは『管子《かんし》』のことである。これを何としても実現したいと思い、思い続けていると天が助けてくれると『管子』にあるが、一つのことを実現したいと懸命に勤め、勤め続けていると、天はまたそういう人を助けてくれる、と尊徳はいう。艱難辛苦《かんなんしんく》の中から一業《いちぎょう》を成した人の体験から出た言葉は力強い。

弘法大師空海《こうぼうだいしくうかい》にもこういう言葉がある。

「誓心決定《せいしんけつじょう》するが故《ゆえ》に、十方《じっぽう》の諸仏《しょぶつ》、皆悉《みなことごと》く証知《しょうち》し給《たも》う」

心に誓うものを持ち、それを成さんと心から決心すれば、仏さまが皆応援してくれる、ということである。

現代の哲人二人も同じ意の言葉を残している。

「新しき計画の成就はただ不屈不撓《ふくつふとう》の一心にあり。さらばひたむきに、ただ想え、気高く、強く、一筋に」——中村天風《てんぷう》

「人はその一心だに決定すれば、如何《いか》なる環境に置かれようとも、何時《いつ》かは必ず、道が開けてくるものである」——森信三

二千五百年前から現代まで、覚者《かくしゃ》たちは一様に心の力の大事さを

説き、心の持ちようが人生を開く鍵であることを教えてくれている。

最後に『道元《どうげん》一日一言』（弊社刊）にある言葉を紹介したい。

「自未得度先度他《じみとくどせんどた》」——自分は未だ悟っていないが、悟った分だけ人々を救っていくことが大事だ、ということである。人間学を学ぶ者として心に残すのみならず、実践躬行《きゅうこう》したい言葉である。

意志あるところ道はひらく

長年『致知』の仕事をしてきて古今東西の覚者たちに出会い、気づいたことがある。それは、我《われ》を忘れるほど真剣に仕事に打ち込む人、即《すなわ》ち私心のない、強い意志をもってひたむきに一つの仕事に打ち込む人に天は味方し、応援するということである。

東洋古典の『菜根譚《さいこんたん》』にもこういう言葉がある。

「天は無心のところについてその衷《ちゅう》を牖《ひら》く」――天は一つの目標に向けて意志を固め、無心に努力する者に、その真心をひらいて導《みちび》いてくれる、ということである。『致知』の感慨と一致した言葉である。

禅僧の故松原哲明《てつみょう》さんから伺った玄奘三蔵《げんじょうさんぞう》の話が忘れられない。

西暦六二九年、二十九歳の玄奘は正しい仏典を求め、ゴビ沙漠八百里をインドに向かう。当時、国外旅行は禁じられていたので昼間は避け夜間に出発、馬の背に千里分の水を積んでの旅立ちだった。

ゴビ沙漠に入る前、狼煙《のろし》台の見張り人から、百里ほど先に野馬泉《やばせん》（野生の馬の水飲み場）があるからそこで水を補給すればいい、と聞いていた。だが、いくら行っても野馬泉が見当たらない。仕方がない。玄奘は持参した水を飲もうと馬の背からおろしにかかった。ところが袋が重すぎて取り落としてしまう。千里分の水があっという間に沙漠に吸い込まれていった。途方に暮れた玄奘は、水を補給すべく戻ろうとした。と、自分の内側から響いてくる声があった。

「お前は先に願《がん》を立て、誓ったではないか。どんなことがあろうとインドへ行く、途中で死んでも構わない、と。なのに水の補給に国に戻ろうとしている。それでいいのか」

自分を叱咤《しった》する声に玄奘はまた向きを変え、インドを目指した。四晩五日、玄奘は一滴の水も口にしなかった。五日目、ついに砂の中に倒れ立ち上がれなくなった。ただ観音《かんのん》を念じ祈るのみである。

「自分のこの旅は名誉を求め、財を集めるためのものではない。ただ釈尊《しゃくそん》の仏法を求めての旅だ。観音よ、それをご存じでしょう」

その夜半、冷たい風が吹くのを感じた。朦朧《もうろう》とした夢の中に身の丈数丈《たけすうじょう》の一大神が現れ、「なぜ起きない。なぜ眠っているのか」という声が聞こえた。驚いた玄奘は立ち上がり、歩き出した。

だが、玄奘が向かおうとする方向とは違う方角に馬が進んでいく。引き止めようとしても止まらない。やむなく馬の進みに任せた。

しばらく行くと小さな草原が現れ、そこにきれいな水が湧き出る池があった。玄奘も馬もむさぼるようにその水を飲み、生き返った。

玄奘は人の至誠《しせい》は必ず神に通ずるのだと天を仰いだという。


時代、国を超え、一つの道を極めた人の言葉は通底している。玄奘より約千年後の人、二宮尊徳の言葉がある。

「世間、心力《しんりょく》を尽くして私《わたくし》なき者、必ず功を成す」――私心なく心力を尽くす者は必ず成功する。それはそういう人を天が応援してくれるからだ、と尊徳自らの人生を顧みての述懐《じゅっかい》である。

最後に、一代で大松下グループを築いた松下幸之助氏は、意志を強く持つことの大事さをやさしい言葉で説いている。

「〝むずかしいことだけれどやろうじゃないか〟ということを言い続け、そして実際にやる努力を続けていけば、必ず事は成る。〝もうできないだろう〟とさじを投げたら、永遠にできない」

意志あるところ道はひらく――この言葉を範《はん》に、私たちも自らの道を全《まっと》うしたい。

命ある限り歩き続ける

二〇二〇年一月二十五日、恒例の「致知新春大会」を東京芝《しば》のプリンスホテルで開催した。大会には全国各地から千二百六十名の『致知』愛読者が参加、広い会場は熱気と感動に包まれた。

十回目の今大会には茶道裏千家大宗匠《だいそうしょう》の千玄室《せんげんしつ》さんとデザイナーのコシノジュンコさんにご登壇いただいた。長きに渉《わた》りそれぞれの道を極めてこられたお二人の話はよりよい人生を生きるための深い示唆《しさ》に富み、参加者は引き込まれるように聞き入っていた。

コシノジュンコさん八十歳。千玄室大宗匠九十八歳。その挙措《きょそ》動作には年齢を超越した若さとエネルギーが溢《あふ》れていた。特に九十八歳になる大宗匠の老いを全《まった》く感じさせない容姿、立ち居振る舞いには驚嘆《きょうたん》の声が上がった。『致知』もこれまで数多くの長寿者にお会いしてきたが、このような九十八歳は初めてである。まさに、命ある限り歩き続けるという意志が体全体を貫いているように思えた。

コシノジュンコさんも同じである。講演テーマ「人生、これからや」は「命ある限り歩き続ける」と同義である。コシノさんは日々この言葉を心に唱え、その決意を固めているように思える。

話は変わる。弊社より『坂村真民一日一詩』をこのほど出版した。

一万篇あるといわれる真民詩の中から三百六十六篇を選び出すのは大変だったが、その詩篇を読み返し、真民先生もまた命ある限り歩み続けた人であったと改めて思った。膨大な詩篇の中から九十七年間詩道一筋に歩み続けた人の息吹《いぶき》に触れてみたい。

「こつこつ」

こつこつ　こつこつ　書いてゆこう
こつこつ　こつこつ　歩いてゆこう
こつこつ　こつこつ　掘り下げてゆこう

真民先生の生き方を象徴するような詩である。この詩の如く先生は生涯を歩まれた。
長い人生行路を歩む上で、人はさまざまな悲しみや困難や試練に出合う。そういう人に先生はやさしく、そして力強く呼びかける。

「なやめるS子に」

だまされてよくなり　悪くなってしまっては駄目
いじめられてよくなり　いじけてしまっては駄目
ふまれておきあがり　倒れてしまっては駄目
いつも心は燃えていよう　消えてしまっては駄目

いつも瞳《ひとみ》は澄《す》んでいよう　濁《にご》ってしまっては駄目

こういう詩もある。「光」と題する詩だ。

体の中に　光を持とう
どんなことが起こっても
どんな苦しみのなかにあっても
光を消さないでゆこう

心に噛《か》み締めたい詩である。
なぜ命ある限り歩む必要があるのか。自分の花を咲かせるためだ、と先生は言う。「悟り」という詩がある。

悟りとは　自分の花を　咲かせることだ
どんな小さい　花でもいい
誰のものでもない
独自の花を　咲かせることだ

先生がすべての人に托《たく》したメッセージである。最後に先生が生涯のテーマとした詩を紹介したい。「ねがい」である。

人は終焉《しゅうえん》に向かって

自分を磨いて
ゆかねばならぬ
たゆまず
おこたらず
あせらず
いそがず
大木朴《ほお》の如《ごと》く

命ある限り歩き続けるとは、命ある限り成長し続けるということである。私たちもかく人生を歩みたい。

先達に学ぶ

先達《せんだつ》とは先に道に達し、導きをする人のことである。『致知』が今日までの四十一年を歩ませていただいたのは、多くの良き先達に恵まれたからに他ならない。

中でも四人の師には格別に大きな恩恵をいただいた。出会いの順に記すと、安岡正篤、森信三、平澤興《こう》、坂村真民の四師である。

師と弟子が直接出会って教えを受けることを面授《めんじゅ》という。『致知』は安岡先生とは直接お会いしていないので面授の師弟ではない。ただ、先生が昭和五十八年十二月十三日に亡くなられた時、直《ただ》ちに『致知』で特集を組ませていただいた。これによって安岡先生の高弟といわれる人たちとの縁が深まり、先生の著書を通じて古典の源流ともいうべき世界に導きをいただけたことは僥倖《ぎょうこう》であった。「古典と歴史と人物の研究――これなくして人間の見識は生まれない」という安岡先生の言葉は、『致知』の根本的な不変のテーマとなった。

森信三先生との出会いは昭和六十年九月十九日、先生八十八歳、不肖《ふしょう》三十七歳の時だった。

この日のことはいまも忘れない。新大阪駅で初めて寺田一清《いっせい》氏にお会いした。「あなたのような若い人が『致知』を編集しているのですか」と寺田氏に驚かれた。その寺田氏に案内され、東灘にある森先生宅をお訪ねした。十時頃から始まった取材は午後の二時半まで続いた。その日のことを手帳にこう記している。

「九時半に新大阪にて寺田一清氏と会う。十時より二時半まで森信三先生取材。運命的な日なり。おすしごちそうになる」

畏敬すべき人物に会えた喜びと感動が僅《わず》かなメモに溢れている。

このインタビューのまとめに苦吟《くぎん》したことも含め、いまは懐かしい思い出である。

平澤興先生と出会ったのは昭和六十年十月。先生八十五歳、不肖三十八歳。ご自宅でインタビューさせていただいたのだが、医道一筋に歩まれてきた先生の言葉は深い響きをもって胸に滲《し》みた。その体から発される一語一語が光っていた。先生には「隠れた人」を特集した号の表紙を飾っていただいた。マスコミ的にはほとんど知られていない人の中に本物の人物はいる、と確信した出会いだった。

坂村真民先生との出会いは昭和六十二年六月。先生七十六歳、不肖三十九歳。懐かしい人にお会いした――これが先生の第一印象だった。求道《ぐどう》一筋に生きてこられた詩人の言葉は、溶け込むように心に響いた。そして、ある時、呟《つぶや》くように言われた「創造する人間は絶えず危機の中に身を置いていなければならない」――という言葉は我が人生を貫く警策《けいさく》となった。「精進《しょうじん》の中に楽あり」という真実を先生は身を以《もっ》て示してくださったように思える。

以上、四人の先達との出会いを記させていただいたが、いずれも不肖三十代後半のことである。四十代では遅きに失したかもしれないと思うと、天の配剤に感謝するのみである。この人たちとの出会いが『致知』の骨格をさらに太く大きくし、土壌をさらに豊かにしてくれたと思う。

最後に四人の先達の共通項を挙げたい。

一つは生涯を懸け自らを成長させようとする情熱の人であった。
二つは生涯、縁ある人の心に火をつけ、光を灯そうとされていた。
『致知』もまた四師の目指されたところを目指し、前進していきたい。

人生は
いつも これから

第三章

命を燃やして生きる

鞠躬尽力

鞠躬尽力《きっきゅうじんりょく》、死して後《のち》已《や》まん——建興《けんこう》六（二二八）年、諸葛孔明《しょかつこうめい》は最後の出陣に臨み、軍隊を繰り出す決意の書「後出師《こうすいし》の表《ひょう》」を皇帝劉禅《りゅうぜん》に奉じた。その中の一文である。

鞠《きく》は毬《まり》のこと。体を毬のようにちぢめて全力を尽くすのが鞠躬尽力の意である。それを死ぬまで続けてやまない、というのである。

吉田松陰もこの言葉に感激したのだろう。野山獄《のやまごく》に投ぜられた時、同囚《どうしゅう》の人たちと『孟子《もうし》』を勉強する中でこの一文を紹介し、この言葉こそ道を学ぶ者の根本精神である、と述べている。

松陰自身がこの言葉通りの人生を生きた人であった。渡部《わたなべ》昇一氏が『人生を創る言葉』（弊社刊）の中で松陰のエピソードを紹介している。

安政元（一八五四）年三月二十八日、松陰は伊豆下田《しもだ》の牢《ろう》にいた。その前夜、下田沖に停泊していたアメリカの軍艦に金子重輔と乗り込もうとして失敗したのである。

松陰は牢番にお願いする。

「実は昨日行李《こうり》を流されてしまい、手元に読み物がない。何か書物を貸してもらえませんか」

牢番は驚いて言った。

「あなた方は大それた密航を企み、捕まっているのだ。どっちみち重い刑を受けるのだから、何も檻《おり》の中で勉強しなくてもいいではないか」

松陰は答える。

「ごもっとも。それは覚悟しているが、お仕置きになるまでまだ時間がある。それまではやはり一日の仕事をしなければならない。

人間はこの世に生きていれば一日の食物を食らい、一日の衣を着、一日の家に住む。それであるから一日の学問、一日の事業に励んで天地万物のご恩に報じなければならない。この儀が納得できたら、ぜひ書物を貸してもらいたい」

牢番は感心し、松陰に本を貸した。

松陰は「金子君、きょうこの時の読書こそ本当の学問だ」と言ったという。

渡部昇一《わたなべしょういち》氏はこのエピソードに触れ、こういっている。

「牢に入って刑に処せられる前になっても、松陰は自己修養、勉強を止《や》めなかった。無駄といえば無駄なのだが、これは非常に重要なことだと思うのである。人間はどうせ死ぬものである。いくら成長しても、最後には死んでしまうことに変わりはない。この『どうせ死ぬのだ』というわかりきった結論を前にして、どう考えるのか。松陰はどうせ死ぬにしても最後の一瞬まで最善を尽くそうとした。

それが立派な生き方として称えられているのである」

松陰に限らず一道を極めんとした人は皆、鞠躬尽力した人である。この松陰の姿は晩年の渡部昇一氏に重なる。氏は晩年前立腺《ぜんりつせん》がんが骨に転移、激痛に苦しんだ。それでも頭が朦朧《もうろう》とするのを嫌い、モルヒネの使用を拒《こば》んだ。痛みの緩和《かんわ》より学者としての道を全《まっと》うすることを選び、激痛に耐えて約束した仕事をすべて果たし、二〇一七年四月十七日に旅立たれた。

その年の一月十四日、弊社主催の新春特別講演会に渡部氏は車椅子で出席された。用意していた端《はし》の席を自ら最前列の中央に移し、不肖《ふしょう》の話を真剣に聞いてくださったお姿をいまも忘れ得ない。

「文明の最高目的は人間人格の発展である」とアレキシス・カレルはいっている。

人間以外のあらゆる動物にとって、生きることとは食うことである。人間もまた長い間この連鎖《れんさ》の中にあったが、人間は文明を発達させることで食糧を保存備蓄《びちく》するようになり、この連鎖を断ち切った。だが、天は楽をさせ、安逸《あんいつ》を貪《むさぼ》らせるために文明を開く力を人間に与えたのではない。人格をさらに発展させてほしいという願いをもって人に文明を開く力を与えたのだ、とカレルはいっているのだろう。

果たして人は天のこの思いに叶《かな》う生き方をしているか。いま全世界を席巻《せっけん》している新型コロナウイルス旋風《せんぷう》を目《ま》の当たりに、このカレルの言葉が思い出されるのである。

ともあれ、いま全人類は英知を結集してこの未曽有《みぞう》の危機に立ち向かっていかなければならない。鞠躬尽力の時である。

百折不撓

中国武漢《ぶかん》に端《たん》を発した新型コロナウイルス禍《か》。その猛威は全世界を侵食し、とどまるところを知らない。この数か月で世界の風景は一変した。パリもニューヨークも都市封鎖され、賑《にぎ》わっていた大通りは人影まばらとなった。ウイルスの脅威、恐るべしである。

この感染症も二十年前なら中国一地方の風土病で終わっていたかもしれないと言われる。それが全世界に及んだのは、中国が「世界の工場」になっていることと無縁ではない。加えて、中国が国を挙げて推進してきた一帯一路《いったいいちろ》政策も感染に拍車をかけた、とも言える。新型コロナウイルスは図らずも、一国の動きが全世界と密接に繋がっていることを明らかにするものにもなった。
日本も二〇二〇年四月七日、安倍首相が緊急事態宣言を発令、五月末には全都道府県の宣言が解除された。この間の政府の施策はもちろんだが、何よりも国民一人ひとりの懸命な努力と忍耐が、一日も早く平穏な日々を甦らせる最大の力になる。

歴史を振り返れば、人類が生命の危機に直面したのはこれが最初ではない。東京大学名誉教授の月尾嘉男氏が述べておられるが、百年前のスペイン風邪では、世界中で五億人が感染し五千万人が死亡、日本も当時の総人口五千六百万人のうち、死者は五十万人近くに上ったと言われる。

毎日のコロナ報道を見ていると、いつまで続くか予測できない状態に暗澹《あんたん》とする。しかし、人類は幾度もの危機に遭遇しながら、その都度危機を乗り越え、今日まで歩んできたのである。つまり、現在の状況は必ず克服されることを歴史は私たちに教えてくれているのだ。そのために大事なものは何か。

感染症のウイルスは身体に忍び込むが、同時に心に忍び込もうとするウイルスがある。困難に耐え努力する心を蝕《むしば》むウイルスである。心の免疫力を高めなければならない。その何よりの特効薬は、よき言葉、よき教えに触れることではないだろうか。

百二十二歳まで生きたジャンヌ・カルマンは長生きの秘訣を問われ、「二つあります。笑うこと。退屈しないこと」と答えている。百二十二歳まで元気に生きた人は心身のウイルスに勝ってきた人であり、そういう人の言葉には力がある。こういう言葉に触れることは心の免疫力を高める。感謝すること、感動することも心の免疫力を高める要素となろう。

坂村真民さんの詩も心の免疫力を高めずにはおかない。

人間が真の人間になるためには

いくたびかの試みに会わねばならぬ
試みには
神の試み
悪魔の試みがある
いずれにしても
いくたびかの試みに会って
初めて人は本ものになる

「仏のこころ」と題したこういう詩もある。

追いつめられて

初めて人間は
本ものになる
だから本ものになるためには
絶体絶命の瀬戸ぎわに
立たされねばならぬ

前項でA・カレルの「文明の最高目的は人間人格の発展である」という言葉を紹介した。天は人類をして「最高目的」を果たさせるべく、その自覚を深めさせるために今回の試練を与えたのではないか。そんな気がする。

思えば、人類の歴史はウイルスとの闘いの歴史であった。その闘いに打ち勝って、あるいは共生して、人類は前進してきた。

百折不撓《ひゃくせつふとう》――どんな困難にも屈しない。百遍《ひゃっぺん》倒れたら百遍立ち上がる。それが人類のDNAである。このDNAをフルに発揮し、私たちもこの苦境を克服したい。

鈴木大拙に学ぶ人間学

円覚寺《えんがくじ》の横田南嶺《なんれい》管長のお導きにより、鈴木大拙が終《つい》の住処《すみか》として晩年を過ごした松ヶ岡文庫を初めて訪ねたのは、二〇一九年九月初旬のことである。松ヶ岡文庫は北鎌倉の東慶寺《とうけいじ》境内《けいだい》から百三十段を数える長い階段を上ったところにある。現在は一般公開されていない。その階段を辿《たど》りながら、胸に湧き上がってくる言い知れぬ感《かん》慨《がい》を禁じ得なかった。

そもそもこの訪問を思い立ったのは三年前である。『致知』二〇一七年六月号特集「寧静致遠《ねいせいちえん》」で、大拙《だいせつ》の研究者として知られる上田閑照《しずてる》氏と、晩年の大拙に仕えられた岡村美穂子さんに「鈴木大拙が歩いた道」をテーマに対談していただいた。その折の岡村さんのお話に深い感銘を覚えたからである。

大拙は外出すれば、当然百三十段の階段を上って帰宅する。ある時ある人が、「先生、九十になって百三十の階段を上るのは大変でしょう」と問いかけた。大拙は答えた。

「一歩一歩上がれば何でもないぞ。一歩一歩努力すれば、いつの間にか高いところでも上がっている」

この言葉が心に沁《し》みた。人生に対して平素《へいそ》からそういう姿勢で向き合っている人でなければ、こういう言葉は自然には出てこない。

大拙が上った階段を不肖《ふしょう》も上ってみたいと思った。

現地に着くまでは一直線に続く急な石段をイメージしていた。だが、実際は緩やかな勾配《こうばい》の山道で、歩幅《ほはば》もゆとりがあり木々も豊か、工夫の凝《こ》らされた石段だった。この石段を九十歳を越えた翁《おきな》がゆっくり辿っていく姿に思いを馳《は》せた。


松ヶ岡文庫では鈴木省訓《しょうくん》代表理事と、先代文庫長の時代から文庫のお仕事をされている伴《ばん》勝代さんに温かく迎えられ、いろいろとお話をいただいた。

目を引いたものがある。大拙が仕事をした書斎の壁に掛けてある書である。青年大拙が初めて渡米した折に釈宗演《しゃくそうえん》が贈ったものという。全文漢文で常人には歯が立たない。横田管長がすらすらと読み説いてくださった。末尾にはこうある。

「学道《がくどう》の人、情欲《じょうよく》の為《ため》に惑《まど》わされず、衆邪《しゅうじゃ》の為に嬈《みだ》されず、無為《むい》に精進すれば、吾此《われこ》の人は必ず道を得ることを保《ほ》せん」

――道を学ぶ者、欲望に惑わされず、さまざまの邪《よこしま》な誘惑に乱されず、悟りを求めて精進すれば、この人は必ず真の道に入ることを保証する――

若き大拙への激励の言葉である。九十歳を越えても大拙はこの言葉を書斎に掲げ大切にしていた。大拙の人柄が偲《しの》ばれる。

鈴木大拙は明治三（一八七〇）年、父・良準、母・増の間に四男一女の四男として生まれた。本名は貞太郎《ていたろう》。

祖先は代々金沢藩医で良準も金沢藩医学館役員を務めたが、貞太郎六歳の時に逝去、一家は貧窮した。貞太郎は十一歳で石川県専門学校付属初等中学科に入学。同校は後に第四高等中学校と改称、その予科三年に編入するが、家計の都合により十八歳で中途退学、小学校の訓導《くんどう》となる。

貞太郎二十歳の時に一大痛撃が訪れた。母の死である。これを機に翌年上京、早稲田大学の前身東京専門学校に入学するも熱が入らず、円覚寺を訪ねて今北洪川《いまきたこうせん》につき参禅、学業よりも禅に熱中した。翌年洪川死去により後継者となった釈宗演のもとで修行、二十四歳の時、宗演より大拙の号を授かり、二十六歳の十二月に見性《けんしょう》（悟りを得ること）した。

詳細は省くが、このあたりから大拙の運命は不思議な縁に結ばれ、発展していく。

明治二十六（一八九三）年に「万国宗教会議」がシカゴで開催され、日本仏教代表の一人として釈宗演が選ばれた。その講演草稿の英訳を大拙が担当した。この宗演の講演に感動したのがアメリカ・イリノイ州ラサールにある「オープン・コート」という出版社の編集人ポール・ケーラスである。以後二人の親密度は増し、その縁で大拙は明治三十（一八九七）年に渡米、ケーラスの会社で東洋学関係文献の英訳、校正の仕事に就き、アメリカでの研究生活は一九〇八年まで十一年に及んだ。大拙が世界的な存在になる基盤はここに培《つちか》われたのである。

朝比奈宗源《あさひなそうげん》円覚寺派元管長が、大拙の功績をこう讃えている。

「大乗仏教《だいじょうぶっきょう》や東洋思想をふかく究《きわ》めて、その該博《がいはく》な知識と、わが国の人としては珍しくゆたかな語学の天才とをもって、著述に講演に、祖師禅《そしぜん》の真髄をひろく世界に宣揚《せんよう》して、東西思想の交流の上にはたした功績は、仏教史上に輝く羅什三蔵《らじゅうさんぞう》や玄奘《げんじょう》三蔵にも劣らないものがある」

大拙が残した著作は英文著作三十数冊、邦文『鈴木大拙全集』全四十巻。その膨大な言葉の中から一つの言葉を紹介する。

「自由だ、創造的だ、随処《ずいしょ》に主《しゅ》となるのだというだけでは、何にもならぬ。人間には、他の生物と違って大悲《だいひ》というものがなくてはならぬ」（『新編　東洋的な見方』）

大拙が九十五年の生涯を通して追求したテーマは、この一語に凝結《ぎょうけつ》されているのではないだろうか、と思うのである。

人間を磨く

仕《つか》えてその道を能《よ》くする、これを達という――ある先哲の言葉である。一つのことに仕えてその道の熟達者《じゅくたつしゃ》になる、そういう人を達人というのだ、ということである。

その道の達人になる人は皆、自分を磨き続けた人である。自分を磨かずして達人にはなり得ない。というと、それは特別な人、自分とは関係ない、と思う人もいるかも知れない。そうだろうか。

人は皆、自分の人生の経営者である。自分の人生の経営を他の人に代わってもらうことはできない。自分の人生は自分が経営するしかない。即《すなわ》ち、人は皆、自分の人生のオーナー経営者なのだ。

経営はそのトップの器によってすべてが決まる。自分の人生は自分の器によって決まる、ということである。私たちが自分という人間を磨き続けなければならない所以《ゆえん》である。

では、どうすれば自分を磨けるのか。その第一は古今《ここん》の師に学ぶことである。

「人の喩《さと》るところはその習うところによる。習うところはその志すところによる。義に志すか利に志すかによって、ついに君子《くんし》となり、小人《しょうじん》となる」

と安岡正篤師は『いかに生くべきか・東洋倫理概論《りんりがいろん》』の中で述べている。またこうもいう。

「人は絶えず自己の性命《せいめい》に適《ふさわ》しい環境を作り、そこでまた成長するのである。環境の堕落《だらく》はそこに住む人間各自の罪責《ざいせき》であり、棄《す》てておけば人間は自ら造り来《き》たった環境の中にますます自己を堕落させ、子孫を滅亡させる。これを救済するには（中略）いかに迂遠《うえん》なようでも真の学問（これに応ずる教育）に帰《き》する他はない」

人間を磨く第二は、仕事に打ち込むことである。人類の教師と謳《うた》われた鈴木大拙はいう（『鈴木大拙随聞記《ずいもんき》』より）。

「一日作《な》さざれば一日食《くら》わずといった人があります。この作すというのは手足を動かすこと、働くこと、他のためにすることです。元来生きるというのは動くこと、人間にあっては働くことです。ですから、働くことが自利利他《じりりた》の原動力なのです。これで生きているかいとはなんであるかがわかり、したがって……誠がやしなわれる」

仕事に打ち込むことで人間が磨かれ誠が養われる。至言《しげん》である。

第三は、意識を高めること。松下幸之助氏が新入社員に言った名言がある。

「君らの立場は新入社員や。しかし、意識は社長になれ」

同じ新入社員でも、自分は新入社員と思っている人と自分は社長と思っている人とでは、仕事の仕方や結果には雲泥《うんでい》の差が出てくるだろう。意識が人格涵養《かんよう》に、そして人生に及ぼす影響は大である。

人間磨きの第四は、へこたれないこと。人生にはさまざまなことがあるが、すべては自分を磨いてくれる試練と捉え、へこたれずに乗り切っていくこと。苦難を乗り越えるたびに人は磨かれ鍛えられるという人生の鉄則を忘れまい。

最近、『道元《どうげん》一日一言』を出版した。最後にその道元の言葉を。

「玉は琢磨《たくま》によりて器となる
人は練磨《れんま》によりて仁《じん》となる

何《いずれ》の玉か、はじめより光有らん
誰人《たれびと》か初心より利なる
必ずみがくべし
須《すべか》らく練るべし
自ら卑下《ひげ》して学道をゆるくする事なかれ」

玉は磨いて初めて見事な器になる。人も練磨することで徳の高い人となる。どんな玉も初めから輝く光は持たない。どんな人も最初から優れているわけではない。必ず切磋《せっさ》し練磨せよ。自らを卑下して道を学ぶことを怠けてはならない——生涯、己事究明《こじきゅうめい》（自分磨き）に生きた人のすべての人に送るメッセージである。

人生は常にこれから

『致知』は二〇二〇年十月号で創刊四十二周年になる。長い道のりであった。歩んできたというより、歩ませていただいたという思いが強い。この長い道のりで各界の一流といわれる人たちに出会い、その謦咳《けいがい》に触れ、その話を直《じか》に聞けたことは、僥倖《ぎょうこう》というより他ない。

「達人のいうこと、真理を学んだ人のいうことは、古今東西一如《いちにょ》である」とはある先達の言だが、『致知』の出会った人たちもある点で一如であった。それは「人生は常にこれから」という意識でいまを生きている、ということである。

『致知』にご登場いただく方々もまた例外ではない。

今号表紙は世界的なデザイナーのコシノジュンコさんと二十六世観世宗家《かんぜそうけ》の観世清和《きよかず》氏である。

コシノさんはお母さんの綾子さんの影響を受けられた。そのお母さんは九十を越えても十数人の恋人を持ち、「私の人生はこれからや」が口癖だったという。その口癖はコシノさんに引き継がれている。

観世氏の祖先は能の大成者、観阿弥《かんあみ》と世阿弥《ぜあみ》である。その世阿弥の言葉がある。

「時分《じぶん》の花より誠の花」

若さが放つ花が時分の花である。そういう花は時と共に褪《あ》せる。修養を日累月積《にちるいげっせき》して咲くのが誠の花である。その花は年を経るごとに美しさを増す、ということである。また、こうもいう。

「住《じゅう》する所なきをまず花と知るべし」

止《とど》まらず学び続けることこそ花だ、ということである。修業にも人生にも、これでいいということはない。常にこれからと思い前進せよ、そこに花がある、と世阿弥は教えている。

安岡正篤師は『人間を磨く』（弊社刊）の中で、鎌倉彫《ぼり》の名人扇《おうぎ》ケ谷《がやつ》三郎の言葉を紹介している。

「芸のゆきどまりを見せずして、一期《いちご》を終《おわ》るをまことの芸とす」

「古人曰《いわ》く、命にはおわりあり。芸には果てあるべからず」

求道《ぐどう》に生きる人は皆、同じ気概を持つようである。安岡師自身、

「不肖《ふしょう》も生ける限りは、その行詰《いきづま》りを見せずして、よく勉強したいと念じておる」と付言している。


話は変わる。こういうデータがある。

正岡子規《まさおかしき》三十四、尾崎紅葉《こうよう》三十五、国木田独歩《くにきだどっぽ》三十六、長塚節《たかし》三十五、芥川龍之介《あくたがわりゅうのすけ》三十五、太宰治三十八——文人・作家の没年《ぼつねん》である。そのあまりの若さに驚く。

一方、こういうデータもある。葛飾北斎《かつしかほくさい》八十八、富岡鉄斎《とみおかてっさい》八十七、熊谷守一《くまがいもりかず》九十七、中川一政《かずまさ》九十七で没。画家は長生きの人が多い。その他アトランダムに記すと、佐藤一斎《いっさい》八十六、諸橋轍次《もろはしてつじ》九十九、鈴木大拙九十五、渋沢栄一九十一、松永安左エ門九十五、松下幸之助九十四……。

こうして見てくると、寿命もあるが、道を求め努力してやまない人に長生きの人が多いように見えるが、どうだろうか。

ちなみに、『致知』に縁の深い四氏の没年は、安岡正篤八十五、森信三九十六、平澤興八十八、坂村真民九十七。

その言葉。

「人生の晩年に近づいたならば、青壮年《せいそうねん》の時代以上に、はるかに、心を引き締めて、人生の晩年の修養に努めねばならない」森信三

「生きるとは情熱を持って燃えることだ。燃える心を忘れているような生き方は気の毒な生き方ではないでしょうか」平澤興

「人間いつかは終わりがくる。前進しながら終わるのだ」坂村真民

名人達人の言葉は一如である。人生は常にこれからと思い、私たちも前進していきたい。

百折不撓

第四章

感動ある人生を生きる

根を養う

たまたま点《つ》けたテレビに高橋尚子《なおこ》さんが出演していた。シドニーオリンピックのマラソン競技の金メダリストである。彼女は自分を支えてくれた三つの言葉について語っていた。

一、何も咲かない寒い日は下へ下へと根を伸ばせ。やがて大きな花が咲く。

二、疾風《しっぷう》に勁草《けいそう》を知る——強い風が吹いた時に本当の強い草が分かる。

三、丸い月夜も一夜だけ――いいことは長く続かない。常に満足することなく、次の一歩を踏み出すこと。

高校時代の陸上部顧問の先生から教わった言葉だという。事あるごとにこの三つの言葉を噛《か》み締めることで、高橋さんの人間としての根は養われたのだろう。

哲学者森信三師をして「日本の教育界の国宝」と言わしめた東井《とうい》義雄《よしお》氏もまた、子供たちに根を養うことの大事さを説き続けた人である。その言葉がある。

「根を養えば樹は自ら育つ」

「高く伸びようとするには、まずしっかり根を張らねばならない。基礎となる努力をしないと、強い風や雪の重みに負けてたおれてしまう」

教育は子供たちの心の根を養うものでなくてはならないとは、東井氏の教育者人生を貫いた信条であった。

東井氏については『致知』で何度か紹介してきたが、改めてその足跡《そくせき》を記しておきたい。

氏は明治四十五（一九一二）年、兵庫県豊岡《とよおか》市但東《たんとう》町の浄土真宗《じょうどしんしゅう》東光寺《とうこうじ》の長男として生まれた。寺の檀家《だんか》はわずか九軒。「私は日本一の貧乏寺に生まれた」と氏自ら書いている。姫路師範学校を二十歳で卒業後、但馬《たじま》地方の小中学校に勤務。その熱意溢《あふ》れる教育指導が評価され、四十七歳の時に広島大学より「ペスタロッチ賞」を受賞。地方にありながら、その影響は全国に及んだ。

五十二歳の時、請《こ》われて生徒数七百名の八鹿《ようか》小学校長となる。東井校長と八鹿小学校の実践の素晴らしさが広く知られるようになり、各地から多くの参観者が訪れるようになった。八年間校長を務め、定年退職。その後は短期大学の講師を務めるかたわら全国各地で講演、その数は年間三百にも及んだ。七十九歳で没するまで、約六十年、生涯を教育者として生きた人である。

その東井氏の根を養ったと思わせるエピソードがある。

小学一年生で母親を亡くす。その後の二十年間に六つの葬式を出した。東井少年はこの貧乏から抜け出すには勉強しなければと、小学五年生修了時に中学進学を決意した。しかし、いざ中学受験の願書を出す時になって、父親から「とても進学させるゆとりはない。こらえてくれ」と泣きながら言われた。東井少年は三日三晩父親の枕元に座り続けて懇願、「合格しても入学はしない」という条件で受験することだけは許された。必死の勉強が実って難関の試験は合格したが、約束通り中学進学は断念。授業料が要らない姫路師範学校に進学した。この体験が人間東井氏の根っこを養ったのだろう。

教育者としての東井氏を際立たせるものに八鹿小学校長時代に発行し続けた「培其根《ばいきこん》」がある。文字通り其《そ》の根を培う（養い育てる）の意である。最初は教師が校長に提出する「週録」だったが、すべての教師に知ってほしいことを取り上げ、そこに校長としての思いや願いを書き込み、自分でガリ版を切って謄写《とうしゃ》印刷したものである。「培其根」は校長赴任の翌年から始まり、退職までの七年間に五十二号を発行、総ページ数は七百七十八ページに上る。鉄筆を振るっての作業が深夜の一時二時まで及ぶのは再々《さいさい》だったという。東井校長の教育への烈々《れつれつ》たる気迫がその鉄筆の記録から立ち上ってくる。

東井校長のもう一つの特徴は、毎年卒業していく子供たち一人ひとりに、卒業証書と自筆の色紙を手渡したことである。最後の「培其根」に百五人への色紙の言葉が載っている。一部を紹介する。

▼ほんものはつづく。つづけるとほんものになる（早朝マラソンを続けている女子生徒に贈った言葉。以下説明略）。

▼あすがある、あさってがあると考えている間はなんにもありはしない。かんじんの〝今〟さえないんだから。

▼自分は自分の主人公。世界でただ一人の自分を創っていく責任者。

▼問題に追いかけられるのではなく、問題を追いかけていく。

小学校卒業時にこのような言葉を贈られた子は、その言葉を根っこにして自分の人生を養っていったに違いない。

東井語録は表現は易《やさ》しいが、心に深く迫ってくる。最後に二つの言葉を紹介する。

▼一を粗末にしては二には進めない。三、四、五、六、七、八まで進んでも、まだ。九（苦）を越えなければ、十の喜びはつかめない。

▼意味というものは、こちらから読みとるものだ。ねうちというものは、こちらが発見するものだ。すばらしいもののなかにいても意味が読みとれず、ねうちが発見できないなら、瓦礫《がれき》の中にいるようなものだ。

人間の根を養う要諦《ようてい》が東井語録には満ちている。

苦難にまさる教師なし

住友生命の社長・会長を務められた新井正明《あらいまさあき》氏のことは、『致知』で何度か紹介してきた。『致知』を創刊時から深い思い入れを持って応援してくださった人である。

新井氏は住友生命入社後間もなく一兵卒として召集され、ノモンハン事件で被弾、右脚を付け根から切断し隻脚《せっきゃく》となった。陸軍病院のベッドで悶々としていた時期、手にした安岡正篤師の『経世瑣《けいせいさ》言《げん》』で「いかに忘れるか、何を忘れるかの修養は非常に好ましいものである」という言葉に出合い、瞬間、「あっ、これだ」と思った。「あの時召集令状が来なければよかった、召集されてもノモンハン事件に遭わなければよかった、戦闘に参加しても弾に当たらなければよかった等々、百万遍考えても自分の体は元には戻らない。ならばどうにもならないことは忘れ、現在只今《ただいま》の状態から将来に向かって人生を切り拓《ひら》いていこう」

と決意する。隻脚のハンディを抱えて懸命に働き、社長・会長として社の発展に尽力、九十歳の長寿を全うした。右脚切断という苦難が新井氏の人格を陶冶《とうや》したのである。

株式会社タダノの名誉顧問、多田野弘《ただのひろし》氏は当年百歳。いまも高松木鶏《もっけい》クラブに毎月出席し、道友を導いてくださっている。氏は昭和十四年海軍横須賀《よこすか》航空隊に入隊、終戦まで兵役を務め、昭和二十三年父弟と共に会社を創業、東証一部上場のタダノに育て上げた。

戦争を通じて切実に死と向き合い、命は預かりものと心の底から実感した。このことが大きな転機となり、以後、世のため人のためにお役に立つことを人生の目的としてきた。

多田野氏は言う。

「苦難こそは自分を成長させてくれる一番の先生である」

「苦難は自分の可能性を引き出してくれるチャンス。逃げずに向かっていくことが大事」

折しも二〇二〇年十月、鈴木大拙生誕百五十年を記念して『鈴木大拙一日一言』を出版した。大拙は師である釈宗演円覚寺管長の縁で二十七歳から十一年間、アメリカの「オープン・コート」社に勤めた。

この十一年間は苦難の日々だったようである。その大拙の言葉。

「人生はどう論じようとも、結局苦しい闘争である。だが、苦しめば苦しむほど、あなたの人格は深くなり、そして、人格の深まりとともに、あなたはより深く人生の秘密を読みとるようになる」

苦難にまさる教師なし——古今東西の多くの先知先哲が説くとこ

ろである。その言葉を紹介する。

▼いかなる教育も、逆境から学べるものには敵《かな》わない——イギリスの宰相《さいしょう》・ディズレーリ

▼人間は苦悩によって練られてゆくのでありまして、肉体的にも精神的にも人間が成長してゆくために苦悩は欠くことのできない条件であります——安岡正篤

▼逆境は神の恩寵《おんちょう》的試錬なり——森信三

▼成長するということは苦難が喜びであると思えるようになることです。苦難を越える。それが喜びです——平澤興

▼逆境はつねにいつでも自分の敵ではない。ときには恩師となって人生に尊いものを教えてくれることがある。……不幸、病気、逆

境は大成する人格を育てる落ち葉である――常岡一郎

人生の苦難をいくつも乗り越えてきた人たちの言葉を噛《か》み締めつつ、私たちも直面する苦難を乗り切りたい。

運命をひらく

出会いには二つの原理がある、といつしか思うようになった。

一つ目の原理は、以前にある人から聞いた話である。人間の背中には目に見えない渦が巻いているのだという。誰かに背中をポンと叩かれると、その渦は大きくなる。また叩かれると、さらに大きくなる。そのようにして人の器、度量は大きくなり、それにつれて運命も大きくなる。背中を叩くのは人間だけではない。体験によって叩かれる場合もある。

二つ目はイタリアの思想家・マキャベリの言葉である。

歴史学者・会田雄次《あいだゆうじ》氏から教わった。

「ビルトゥ（力量）は運命という岩にぶつかって、その波頭《はとう》を高く上げる」――困難な運命に出会わないと、能力の波頭は高く上がらない、ということである。

成長にも二つの原理があると思う。

その一は「人間は本物に出会わなければ本物にはなれない」。その通りだろう。これは大きな魂に出会わなければ大きな魂にはなれない、と言いかえることもできる。

もう一つは安岡正篤師の言葉。

「人間は何にしびれるかだ。何にしびれるかによって、その人は決まる。中江藤樹《とうじゅ》は論語と王陽明《おうようめい》にしびれていた。人間は本物にしびれなければならない」

ある対象と正対してジンジンする。これが「しびれる」ということだろう。何に対してジンジンするか。運命をひらく要訣《ようけつ》ここにあり、と言っても過言ではない。

二宮尊徳はまさにこの二つの原理通りの人生を生きた人である。尊徳の人生を振り返ると、三回の大きな試練があった。即《すなわ》ち、尊徳は大きな運命の岩に三回ぶつかり、背中を叩かれ、能力を上げてきたのだと言える。

第一の試練は四歳の時である。酒匂川《さかわがわ》が氾濫《はんらん》、父の田畑はほとんどが荒れ地となり、貧乏のどん底に陥った。そして父は病床に伏す。少年尊徳はわらじを作って売り、父の薬代や晩酌の代金に充てた。父に代わり酒匂川の修復工事にも出たが、力が足りない。そこでわらじを作り、翌朝人に知られないように工事中の堤防に置いた。

この第一の試練で尊徳の粘り強さと人情の機微に通じた人格の土台が培《つちか》われた。

第二の試練は十三歳の時である。学問好きで幼い尊徳に『実語教《じつごきょう》』や『童子教《どうじきょう》』を教えた父の利右衛門が四十八歳で亡くなった。その二年後には後を追うように母が三十六歳で没した。

親戚が寄り集まって協議し、尊徳は父の兄の元に、弟二人は母の実家に預けられることになった。山での柴刈りの往復、尊徳が『大学』を朗唱し勉学に励んだのはこの時期である。

『大学』は修身の学であり、自分の身を修めない人に運命の発展はないと教える。尊徳は『大学』の教えにしびれたのだ。これが尊徳の人格をさらに大きくした。尊徳が捨てられた苗を植え、秋に一俵の米を得たことから、積小為大《せきしょういだい》の哲理を感得《かんとく》したのもこの頃である。

第三の試練は三十六歳の時。小田原藩主の大久保忠真《ただざね》という本物の人物と出会い、その人から三顧《さんこ》の礼で請われ、荒廃した桜町の復興に命懸けで取り組むのである。尊徳はこの任に当たり、それまで苦労して再建した二宮家の家屋敷、田畑、家財道具すべてを売り払い、得た七十八両を桜町復興の資金とした。常人の及ばざるところだが、尊徳のこの事業に懸ける心底からの決意が如実である。

尊徳の懸命の努力によって桜町復興は十年の歳月を経て成った。この第三の試練によって、尊徳は日本の尊徳となり、歴史に名をとどめる人になったのである。

尊徳の偉大さは、あの動乱の時代に国事を論ぜず、一発の銃弾も撃たず、一滴の血も流さず、荒廃した全国六百余村の再建に尽力し続けた点にある。七十歳で亡くなるまで、その営みは瞬時も止まることがなかった。

「至誠《しせい》を本《もと》とし、勤労を主《しゅ》とし、分度《ぶんど》を体《たい》とし、推譲《すいじょう》を用《よう》とする」

――尊徳の教えの根本はこの四つである。

真心の限りを尽くし、勤勉に働き、自分の分度を弁え、今日得たものの一部を来年に譲る、子供に社会にその分限に応じて譲る――即ち、至誠をベースに、勤《きん》、倹《けん》、譲《じょう》の三つを繰り返すことで、個人も会社も国もその運命をひらき発展することができることを、尊徳は身をもって示した。その生涯と教えに学ぶものは多い。

最後に、運命をひらく上での根幹となる尊徳の言葉。

「我が道は至誠《しせい》と実行のみ。故《ゆえ》に才智、弁舌《べんぜつ》を尊ばず。至誠と実行を尊ぶなり。凡《およ》そ世の中は智あるも学あるも、至誠と実行とにあらざれば事は成らぬものと知るべし」

運命をひらく道に、近道はない。

自靖自献

令和三年の幕が明けた。元旦《がんたん》になると思い出す言葉がある。安岡正篤師の年頭自警《ねんとうじけい》である。

一、年頭まず自ら意気を新たにすべし
一、年頭古き悔恨《かいこん》を棄《す》つべし
一、年頭決然滞事《たいじ》を一掃すべし
一、年頭新たに一善事《いちぜんじ》を発願《ほつがん》すべし

一、年頭新たに一佳書《かしょ》を読み始むべし

（『安岡正篤一日一言』）

年頭、滞事を一掃し意気を新たにすべく、毎年千数百名の規模で新春講演会を開催してきた。今年は状況に鑑《かんが》み、一月二十三日に豪華ゲストをお迎えし、オンラインでの新春講演会を開催する。『致知』の大会はオンラインでも感動と熱に溢れた集《つど》いとなることは、昨年の「世界オンライン木鶏会」でも実証済み。この大会を通じて全国各地の熱心な『致知』愛読者の皆さんにお会いできることをいまから楽しみにしている。

さて、『致知』は二〇二一年九月で創刊四十三周年を迎える。この間人間学をテーマとする編集方針を貫いてきた。人間学とは平たく言えば、人間力、人格を高める学びのことである。

「人間学が盛んにならなければ本当の文化は起こらない。民族も国家も栄えない。これは歴史的真理」

と安岡師は述べているが、その人間学を学ぶ者が心掛けなければならないものとして、師はこの言葉を挙げている。

「自靖自献《じせいじけん》――自ら靖《やす》んじ自ら献ずる」

古典の名著『書経《しょきょう》』にある言葉である。膨大《ぼうだい》な『書経』の中から碩学《せきがく》はこの言葉を抽出《ちゅうしゅつ》し、人間学を学ぶ者の要とした。

自ら靖んずるとは心の平安を保つこと、安心立命することである。

自ら献ずるとは世のため人のために自らを尽くすことである。

自靖自献は一対《いっつい》だが、ポイントは自靖にある。自ら靖んじていない人——事あるごとにイライラしたり不平を言ったり人と衝突ばかりしている人が、人のために尽くすことなどできるはずがない。だが、自靖しているだけで自献しない人、自献できない人は人ではない。動物にも劣ると安岡師は喝破《かっぱ》している。自靖自献を一貫できて初めて人間学を学んだと言える、ということである。

松下幸之助氏にこの言葉がある。

「人に安心を与えなさい。人に安心を与えることは君の信頼を築く」

素晴らしい言葉である。人に安心ではなく不安ばかり与えていては、人の信頼を得ることはできない。自ら靖んじている人であるからこそ人に安心を与え、信頼を得ることができるのである。

最近いただいたお手紙の中に、生涯を人心救済に尽くされた故・川村百合子さんの文章があった。本テーマに符合するところがあるので、その文章を紹介したい。

ヘレン・ケラーの「自分に平和をもたらすものは他ならぬ自分自身なのだ」という言葉を紹介して、川村さんはこう綴《つづ》る。

「私どもがめざす世界平和も自分の心から始まらねばなりません。私の安らぎがあなた（身近な親、主人、子供、隣人、グループ）に伝わり、この私とあなたの心に平和と安らぎの輪が拡がっていくことが世界平和につながってゆくのです」

自分の心が平和になれば、自《おの》ずとその周囲は変わってくると言い、こう結論づけている。

「よく自分を顧《かえり》みることなく、職場が気に入らないといって転職したり、主人や妻が気に入らないといって離婚する人がありますが、次は最初よりもっと条件が悪くなっていくものです。

よく思わないのは何よりも自分自身の思い方、受け取り方が問題なのですから、自分の心をよくみつめて、相手の立場をやさしい思いやりを持って理解していくと、自然に心が平和になっていきます。外に平和を求めても無理なのです」

生命の実相《じっそう》を見つめ続けた人の言葉である。

百一歳の天寿《てんじゅ》を全《まっと》うされた禅の高僧松原泰道師に、「仏教の真髄は何か」と尋ねたことがある。泰道師は明解に答えられた。

「仏教の真髄は
上求菩提《じょうぐぼだい》
下化衆生《げけしゅじょう》」

上求菩提とは修養によってどこまでも自分の人間性を高めていくこと。下化衆生とはその自分をもって少しでも人のために尽くしていくこと。

東洋教学は生き方の規範を示してその帰《き》するところは一《いっ》である。
この一を目指して精励《せいれい》していく人生でありたい。

名作に心を洗う

発売三週で七万部、一か月で十万部の増刷。弊社が二〇二〇年十一月末に出版した『1日1話、読めば心が熱くなる365人の仕事の教科書』がめざましい動きを見せている。

読者からは熱い読後感が多数届いている。例えば、外資系のトップを長年務められた新将命《あたらしまさみ》氏からのメール。

「一気呵成《かせい》に読みました。珠玉《しゅぎょく》の言葉満載でまさに〝英知の玉手箱〟のような本。七回くらい涙が出ました」

一般読者だけではない。本書にご登場いただいた方々からも感動、感嘆の声が次々と寄せられている。これだけの人に感動をもたらす本を出版できたことは、編集者冥利《みょうり》に尽きる。

本書には稲盛和夫氏、王貞治《さだはる》氏、千玄室氏などの著名人から、世間的にはさほど知られていなくとも自らの人生を真剣に切り拓《ひら》いてきた人たちが登場している。一人一ページながらいずれも熱いドラマがあり、尊い教訓に満ちていて、一冊丸ごと仕事と人生の教科書になっている。『致知』四十二年の歴史があったればこそ生まれ得た一冊である。

三百六十五話、いずれのページを開いても心に響く話だが、その中からアトランダムに二話をここに要約、紹介する。

川辺清《きよし》氏は、全国に二百店舗を展開し、三千人の従業員を擁する外食グループの代表である。

川辺氏は子供の頃、病で左足が不自由になり、貧乏ゆえにガリガリに痩《や》せていた。父親は靴の修理が生業《なりわい》で、家族を引き連れて各地を転々とする生活だった。だが、氏は足手まといということで、あちこちの親戚に預けられて育った。足が不自由でよそ者の氏は、どこに行っても恰好《かっこう》の虐《いじ》めの対象だった。

小学三年生の時に預けられたのは姉の嫁ぎ先だったが、ここでは殊《こと》に酷《ひど》い虐待《ぎゃくたい》に遭い、母に連れ戻しに来てもらった。「堪忍《かんにん》やで、清。堪忍な……」——泣きながら抱きしめてくれた母の温もり。それが氏を支えるすべてだった。

戻った家に父はいなかった。父に対面したのは母が病で寝込み、父のところから米をもらってくるように頼まれた時だった。胸を躍《おど》らせて訪れた父の住まいには見知らぬ女性がいた。「おまえのような者は知らん」。思いもかけない言葉で追い返された氏は、その帰り道で自らに誓った。

「あんな男に負けてたまるか。俺は絶対あの男の上にいってやる。そしてお母ちゃんを楽さしたる」

中学を出ると靴職人のもとに年季奉公《ねんきぼうこう》に出た。朝六時半から夜中の十二時まで、休みは月二回のみだったが、早く一人前になりたい一心で懸命に働いた。ところが、二年後に結核を患《わずら》い、家に追い返される。

俺は本当に駄目な奴だ——絶望した氏は命を絶とうと列車の機関車めがけて飛び込んだ。だが、気がつくと傍《そば》の草むらに倒れていた。ふと見ると、自分の身代わりになったように、ポケットから転がり出た五円玉が機関車に踏み潰されて線路に乗っていた。

俺は五円玉や、五円玉なら五円玉の輝きを見せてやる——新たな決意に病魔《びょうま》も退散し、年季奉公を全《まっと》うし、二十五歳で会社を創業、その後も数々の困難を乗り越え、今日《こんにち》を築いた。

もう一つは塩見志満子《しまこ》さん（のらねこ学かん代表）の話。

彼女には四人の子供がいたが、長男を小学二年生の時に白血病で亡くした。末っ子の次男は健康で元気。この子は大丈夫だと喜んでいた。ところが、この次男が小学三年生になった時、夏のプールの時間に、プールの底に沈んで亡くなってしまった。近くの高校に勤めていた塩見さんに連絡が入り、大急ぎで駆けつけたが、次男はもう冷たくなっていた。

子供たちが寄ってきて「ごめんよ、おばちゃん、ごめんよ」と口々に言う。「どうしたんや」と聞くと、十分の休み時間に誰かに背中を押されてコンクリートに頭を打ちつけ、沈んでしまったと話してくれた。「押したのは誰だ。犯人を見つけるまでは、学校も友達も絶対に許さんぞ」という怒りが込み上げてきた。

新聞社やテレビ局が来て、大騒ぎになった時、同じく高校の教師だったご主人が大泣きしながら塩見さんを裏の倉庫に連れていって言った、という。以下、原文を記す。

《「これは辛《つら》く悲しいことや。だけど見方を変えてみろ。犯人を見つけたら、その子の両親はこれから、過《あやま》ちとはいえ自分の子は友達を殺してしまった、という罪を背負って生きてかないかん。わしらは死んだ子をいつかは忘れることがあるけん、わしら二人が我慢しようや。うちの子が心臓麻痺《まひ》で死んだことにして、校医の先生に心臓麻痺《まひ》で死んだという診断書さえ書いてもろうたら、学校も友達も許してやれるやないか。そうしようや。そうしようや」

私はビックリしてしもうて、この人は何を言うんやろかと。だけど、主人が何度も強くそう言うものだから、仕方がないと思いました。それで許したんです。友達も学校も……。

こんな時、男性は強いと思いましたね。でも、いま考えたらお父さんの言う通りでした。争うてお金をもろうたり、裁判して勝ってそれが何になる……。許してあげてよかったなぁと思うのは、命日《めいにち》の七月二日に墓前《ぼぜん》に花がない年が一年もないんです。三十年も前の話なのに、毎年友達が花を手向《たむ》けてタワシで墓を磨いてくれている。

もし、私があの時学校を訴えていたら、お金はもらえてもこんな優しい人を育てることはできなかった。そういう人が生活する町にはできなかった。心からそう思います》

名作は文学や芸術作品の中だけにあるのではない。人の生き方そのものが名作と言えるような人生もある。そのことを本書は全篇を通して私たちに教えてくれる。多くの人たちがその人生を賭《と》して描いた名作に心を洗い、生きる糧《かて》としたい。

上求菩提
下化衆生
向上向下

第五章

学びは無限

稲盛和夫に学ぶ人間学

数年前、稲盛氏に近い人からこんな話を聞いたことがある。

京セラがまだ創業間もない頃のことと思われる。ある夏、社長の稲盛氏も参加して社員旅行が行われた。近くに海があり、現地に着くや社員はこぞって海へ飛び出していった。だが、一人だけ泳げない社員が取り残されていた。稲盛氏は、

「よし、俺と一緒に泳ごう。背中につかまれ」

と彼を背中に乗せて沖に連れていった。その社員は感激し、生涯

この人についていこう、と決意したという。

稲盛氏が情の深い人であることを物語る話である。

『致知』も同じような忘れ難い経験を持っている。

詳細は省くが、一九九二年、『致知』は社の存亡が危ぶまれる大きな試練に見舞われた。その危機を乗り越えようと懸命に努力している時、稲盛氏から一つのメッセージをいただいた。こう書かれていた。

「人生の成功不成功のみならず、経営の成功不成功を決めるものも人の心です。私は、京セラ創業直後から人の心が経営を決めることに気づき、それ以来、心をベースとした経営を実行してきました。

（中略）

我が国に有力な経営誌は数々ありますが、その中でも、人の心に焦点をあてた編集方針を貫いておられる『致知』は際《きわ》だっています。日本経済の発展、時代の変化と共に、『致知』の存在はますます重要になるでしょう」

短い中に自らの経営哲学を凝縮《ぎょうしゅく》した一文に、どんなに励まされたことだろう。この言葉をコピーし、手帳に挟んでいつも携帯し、折に触れては読み返して自らを鼓舞《こぶ》してきた。

その温情をいまも忘れないが、稲盛氏の情の深さはただやさしいというだけではない。根底に相手を成長させようという思いがある。

だからこそ、その情は時には厳しさをもって発露《はつろ》する。

盛和塾《せいわじゅく》は経営哲学を学ぶ経営者の集《つど》いだが、その場である時、氏は概要、次のような話をされている。

「皆さんに心をきれいにすることの大事さを説いているが、不況や困難に立ち向かうには勇気が必要。絶対に目標を達成するという気概が必要だ。経営は意志である。リーダーは目標に向かって、なりふり構わず、闘争心、ガッツ、執念《しゅうねん》をもって立ち向かっていかなければならない」

稲盛氏がよく引用する言葉がある。アメリカの作家・フィッツジエラルドの言葉である。

「一流の知性とは、二つの相対立する考えを同時に心に抱きながら、しかも正常に機能し続けられる能力をいう」

つまり、相反する両極端を併せ持ち、それを局面によって使い分けられる人物こそ、真にバランスのとれたリーダーだというのである。このリーダーとしての能力を状況に応じてフルに使い分けることによって、稲盛氏は京セラを発展させ、ＫＤＤＩを成功に導き、日本航空の奇跡の復活を成し遂げたのだろう。

稲盛氏のもう一つの大きな特長は、仕事に真剣に打ち込むことでつかんだ体験哲学、人生と経営を発展に導く原理原則を自分一人のものとせず、フィロソフィとして言語化し、社員だけでなく多くの人に伝えようとされた点にある。

その原理原則を稲盛氏は折に触れ、説き続けた。その実践に裏打ちされた言葉は一灯《いっとう》となり、多くの人々の心の闇《やみ》を開いた。氏の薫陶を受けた人たちの声が、それを如実《にょじつ》に証明している。

京セラの創業から日本航空の再生まで約六十年、幾度もの試練を乗り越え、道を切り開いてこられた稲盛氏の生き方、考え方。氏の著作等を通じてぜひその真髄《しんずい》に触れていただきたいと思う。それはコロナ禍《か》という現下《げんか》の困難を生きる人たちにとって、勇気や希望を与えると共に、今後の歩み方を照らす何よりの道標《みちしるべ》となるに違いない。

最後に、あらゆる人に通じる人生の要諦《ようてい》を説いた稲盛氏の言葉を紹介しておきたい。これは古今、多くの先哲が唱えてきたことと一致している。

「災難や苦難に遭《あ》ったら、嘆かず、腐らず、恨《うら》まず、愚痴《ぐち》をこぼさず、ひたすら前向きに明るく努力を続けていく。これから将来、よいことが起きるためにこの苦難があるのだと耐え、与えられた苦難に感謝すること。

よいことが起きれば、驕《おご》らず、偉ぶらず、謙虚さを失わず、自分がこんなよい機会に恵まれていいのだろうか、自分にはもったいないことだと感謝する。

これが素晴らしい人生を生きるための絶対の条件です」

実行するは我にあり。実行を積み重ねて初めて真価を発揮する言葉である。

命いっぱいに生きる

「どんな会社もすうっといったものはない。もう投げ出したくなるような状況を何度もくぐり抜けてきている」とは松下幸之助氏の言である。

二〇二一年九月に創刊四十三周年を迎えた『致知』にもこの言葉通りのいろんなことがあった。それらをいちいち詳述はしないが、この四十三年は不肖《ふしょう》をはじめ能力の乏《とぼ》しいメンバーが、能力を超えて命いっぱい仕事に取り組んできた歳月だった、とは言える。

最近、ある読者からお電話をいただいた。そして、命いっぱいは創り手の側だけでなく、『致知』を愛読してくださっている方もまた命いっぱいの人生を生き、命いっぱい『致知』を支えてくださったのだと胸に深く沁《し》みた。

振り返れば、『致知』を支えてくださったたくさんの方々が思い浮かぶ。二十年ほど前、毎月『致知』の感想文を長文の毛筆でしたため送ってくださった青森の八十代の男性。平成十八年に開催した沖縄での「『致知』愛読者全国大会」に、末期がんの体を押して着物姿で岡山から参加してくださった年配の女性。拙著《せっちょ》『小さな人生論』の「あとがき」に紹介した吉坂八重子《やえこ》さんのような読者もいた。

天地《あめつち》の和して一輪福寿草《いちりんふくじゅそう》
咲くやこの花幾代経《いくよふ》るとも

二宮尊徳の道歌《どうか》にあるように、天と地の恵み、諸縁の導き、読者の愛情、あらゆる命がいっぱいに和して、『致知』は今日まで歩ませていただいたのだと思わずにはいられない。

先に述べたある読者からのお電話とは、三十年間『致知』を読んできたが、この度《たび》中止する、という電話である。電話を受けたわが社の社員に、その方はこう言われたという。

「三十年『致知』を愛読してきましたが、認知症になってしまい、文章を読むことも話すこともままならなくなりました。大阪で十年、その後、体をこわして福岡に移り二十年間……。『致知』と共に歩んできて、本当に幸せな人生を送ることができました。認知症になって話すことも大変なのですが、『致知』さんにだけはと思い、お電話いたしました」

認知症になり、『致知』購読を止めざるを得なくなったが、『致知』と共に歩んだ人生は幸せであったことを伝えたくて、認知症で話の前後が分からなくなるので、あらかじめ文章をつくり、それを読んでくださっているというのである。

命いっぱい生きてきた人からでなければ、こういうお電話はいただけまい。この人の人生に三十年寄り添えたこと、その方からすれば寄り添ってくださったご縁に、感謝合掌《がっしょう》するばかりである。人間学探究の一筋の道でこういう読者に巡《めぐ》り合えた幸いを思う。

人として生まれ命いっぱい生きることの大事さは、多くの先達《せんだつ》が説いている。

▼力は乏しくても精一杯生きているものは真実である――小林秀雄

▼人間の偉さは才能の多少よりも、己に授かった天分を生涯かけて出し尽くすか否かにあるといってよい――森信三

▼偉い人というのは生活の中に燃える情熱を持って、自分の持っておる百四十億の大脳皮質の神経細胞を生かした人だ――平澤興

▼最高の人というのは／この世の生を／精いっぱい／力いっぱい／

命いっぱい／生きた人——坂村真民

「花はなぜうつくしいか／ひとすじの気持ちで咲いているからだ」と八木重吉の詩にあるが、命いっぱいに生きることはこの地上に生を得たあらゆる生命に課せられた天の使命である。人として生まれた私たちは、等しく天の使命を全《まっと》うする人生を生きたいものである。

汝の足下を掘れ　そこに泉湧く

前項で八木重吉の詩「花」の冒頭二行を紹介したが、素晴らしい詩なので改めて全文を掲げる。

花はなぜうつくしいか
ひとすじの気持ちで咲いているからだ
本当にうつくしい姿
それはひとすじに流れたものだ

川のようなものだ
人生はいつたのしいか
気持ちがひとつになり切った時だ

八木重吉は二十八歳で亡くなった。夭折《ようせつ》の人である。夭折の人でなければこういう詩は書けまいと思わせる詩である。

高村光太郎はこの人を「星のような詩人」と評している。

重吉は自らの足下を掘った人である。若くして旅立ったが、その足下から湧き出した泉は死後百年近く過ぎたいまも多くの人の心を潤《うるお》している。

汝《なんじ》の足下を掘れ　そこに泉あり――この言葉の大本は哲学者ニーチェである。明治の文芸評論家・高山樗牛《ちょぎゅう》はこの言葉を「己の立てるところを深く掘れ、そこには必ず泉あらん」と訳している。

古来、この言葉に心を鼓舞された人は多い。画家の中川一政《かずまさ》氏もその一人である。こういう言葉を残している。

「愚かなる者よ、汝の足下を掘れ。そこには大いなる泉が湧き出す」

「愚かなる者よ」は、多くの人が自分の足下にある泉に気づかないことを意識しての呼びかけだろう。

作家の宮本輝《てる》氏も同じくこの言葉に啓発された人である。こう言っている。

「足下を掘れ　そこに泉あり、という言葉がありますが、皆、自分の足下を掘っていったら必ず泉が湧いてくることを忘れている。あっちに行ったら水が出ないか、向こうに行ったら井戸がないか、と思っているけれど、実は自分の足下に泉はある。

与えられた仕事をコツコツと地道にやり続けた先に自分にしか到達できない泉がある」

宮本氏は二十五歳でパニック障害を発症、長く苦しい闘病生活を経て足下の泉を掘り当てた。その泉とは小説である。

三十四歳で父親を主人公にした作品『流転《るてん》の海』を書き起こし、三十七年の歳月をかけて七十一歳の時にシリーズ全九巻を完結した。それは奇しくも父親が亡くなった年であった。「コツコツと地道にやり続けた先に自分にしか到達できない泉がある」という宮本氏の言葉が実感をもって胸に迫る。そして、その父親が亡くなる前に、こういう言葉を残している。

「お天道《てんとう》さまばかり追いかけて右往左往《うおうさおう》するやつは必ず失敗する」

波乱の人生を味わい尽くした人の至極《しごく》の言葉であろう。

『致知』も人間学ひとすじに歩んできて気づいたことがある。

それは成功する人は自分に与えられた縁や人間関係、仕事、環境に価値を見出し大事にしていくが、成功しない人は自分の手元にあるものの価値に気づかず粗末にしている人が多い、ということである。

足下を掘るとは自分の手元にあるものの価値を信じ生かし切るこ

とだといえる。

最後に、発売四か月半で二十五万部の売れ行きを見せる『1日1話、読めば心が熱くなる365人の仕事の教科書』にも、足下の泉を掘った人の話が数多くある。中でも桂小金治《こきんじ》さんの話は忘れ難い。

小金治さんの少年時代、ハーモニカが流行《はや》った。欲しくて父親にねだったが、父親は「いい音ならこれで出せ」と神棚の榊《さかき》の葉を一枚とって口にくわえ『ふるさと』を吹いた。あまりの音色のよさに聞き惚《ほ》れ、自分も、と懸命に練習したが、父親のように吹けず、投げ出してしまった。その時、父親は言った。

「実行、努力までならみんなする。そこでやめたらドングリの背比べで終わりなんだ。一歩抜きん出るには努力の上に辛抱《しんぼう》という棒を立てるんだよ。この棒に花が咲くんだ」

足下を掘る上での大事な心得を説いて、これ以上の言葉はない。

一灯破闇

一灯破闇《いっとうはあん》――一灯、闇を破る。陶芸家・河井寛次郎《かわいかんじろう》の言葉である。

将棋《しょうぎ》の第十五代名人・大山康晴はこの言葉と、「助からないと思っても　助かって居る」という言葉の二つを生涯の銘とした。形勢が悪くなり、諦《あきら》めようかと弱気が出てくる。そういう時に二つの言葉を思い出すのだ。「助からない」という弱気を吹き飛ばし、「助かっている」という気持ちで盤上《ばんじょう》を見直すと、一灯闇を破る手が浮かんでくる、と言っている。

一灯破闇の言葉で思い出す人がいる。Aさんとしておこう。詳しい事情は知らないが、Aさんは中学校もろくに通わず、掛け算割り算も漢字も少年院で覚えた。二十代後半で組の若頭《わかがしら》になった。その時、先代の親分から数冊の本を渡され、こう言われた。

「いまのお前はガラガラヘビだ。ガラガラヘビは人を傷つけることはできるが、人が寄ってくることもない。だが、同じヘビでもニシキヘビは大きくなればなるほど山の主だ神だと言われる。人の上に立つには人を学び、ニシキヘビのような大きな人間になれ」

渡された本の中に『修身教授録《しゅうしんきょうじゅろく》』があった。当時のAさんには心に響かず、流し読みをしていた。しかし、今回の服役《ふくえき》中に先代が亡くなった。「人を学べ」と言われたのを思い出し、『修身教授録』をしっかり読み直してみる気になった。するとどうだろう、文章の一つひとつに鳥肌が立ち、一語一語に胸が揺さぶられる。年齢を重ねないと分からないことがあることを改めて知った。

その『修身教授録』の中に『致知』の案内文があり、こんなすごい本を出す出版社の雑誌はどんなものか、読んでみようと思った。そしていま、『致知』は手放せないものになったという。

最近いただいた手紙にはこうあった。

「先日、仮面接がありました。面接官の資料には、ここでの私の生活態度の変化等が書かれているらしく、私の姿勢、心のあり方が劇的に変わったのはなぜかと問われました。私の答えは〝『致知』という人間学の本に出会ったからです〟、それ以外ありませんでした」

Aさんの学びは独りに止《とど》まらない。Aさんの生活態度、人格に惹かれた同囚の数人で所内木鶏会《もっけいかい》も始まった。Aさんは言う。

「先日、木鶏会の一人が〝一度『致知』を読んだらもう悪いことはできなくなる〟と言っていました。法律をどれだけ厳しくしても犯罪は減らないのに、『致知』を読むとこのような心境になるのですから、『致知』は本当に凄い本だと思います」

四月初旬に届いた手紙には、こう書かれていた。

「ここでの約七年間は人生の中で一番多くのことを学んだ時間になり、特に『致知』と出会ってからの年月は大変貴重で、実り多い時間になりました。社会におれば『致知』を手にすることはなかったと思いますので、私は『致知』と出会い、人生をやり直すために、天がこの機会を与えてくれたのではないかと感謝しています。

辛く苦しいこともありましたが、そのすべてが私にとって必要なことであり、それらの出来事があったからこそ『致知』と出会うことができ、今の私があるのですから、本当にありがたいと思います」

一灯破闇——Aさんは『致知』によって人間学を学ぶことで一灯を得、人生の闇を破った。「人生と仕事に真剣に取り組む人の心の糧になる」という理念を掲げて四十三年、弊誌『致知』が一人の人の人生の闇を破る一灯となり得たことに、感無量の思いがする。

足下を堀れ
そこに泉湧く
「ニーチェ」

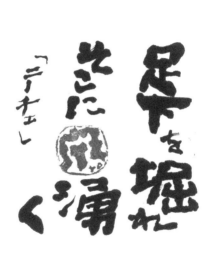

あとがき

「ゾウから鼻を取ったらゾウでなくなる。
キリンから首を取ったらキリンでなくなる。
では、人間から何を取ったら人間でなくなるか」
渡部昇一先生は生前、上智大学の教え子たちによくこういう質問をされたという。
味わい深い質問である。あなたなら何と答えるだろうか。
渡部先生がどういう回答をされたのかは知らないが、筆者はそれを「心」だと考える。
詩人、坂村真民さんに「こころ」と題する詩がある。

こころを持って生まれてきた

これほど尊いものがあろうか
そしてこのこころを悪く使う
これほど相すまぬことがあろうか

その通りだろう。心があるから、世界があり、宇宙があるのである。嬉しい、楽しい、幸せだという感情も、心があるからであり、心がなければ一切がなくなる。

心を持って生まれてきた、これほど尊いものはない。しかし、その心を悪く使ってしまう。これほど相すまぬことはない、と真民さんはいう。その通りである。

なぜ素晴らしい心を悪く使うのか。

それは心は放っておくと雑草が生えるようにできているからである。

私たちはたえず目を見開いて、心に生える雑草を抜き去り、心が本来の働きをするよう心の手入れを怠ってはいけない。
放っておけば雑草が生え、荒野と化してしまう心をたえず溌剌とした状態に保っておくために、心の手入れをすることを修養というのである。その意味では修養の精神こそ人間から取ったら人間でなくなるものの最たるものだといえるかもしれない。

わが国の歴史を振り返ると、素晴らしくいい時代がある。明治の後半から大正期にかけてがそうである。憲法が制定され、日清日露の戦争に勝ち、日英同盟が結ばれ、大正デモクラシーが興隆した時代である。そしてこの時代は、幸田露伴の『努力論』や新渡戸稲造博士の『修養』など、修養をテーマにした本が盛んに出版され、一人ひとりの修養意欲が興隆した時期と重なり合うことを忘れてはならない。

翻《ひるがえ》っていまの日本はどうだろうか。いまの日本に足りないものは、一人ひとりが自らを高めようとする修養の精神ではないか。日本が再び躍動するために、そんな修養の精神が勃興していくことを願ってやまない。本書『小さな修養論5』が日本に再び修養ブームを起こすその端緒となれば、著者としてこれ以上の喜びはない。

なお、本書の刊行に際し、東洋思想家の境野勝悟《さかいのかつのり》先生より身に余るまえがきをいただいた。ここに深く感謝申し上げる。

また、清水義光先生より、本書のために素晴らしい書を寄せていただいた。心よりお礼を申し上げたい。

オリンピックの歓声高らかな夏の日に

藤尾　秀昭

○初出一覧

第一章　人を育てるもの

読書尚友	致知2019年9月号
情熱にまさる能力なし	致知2019年10月号
語らざれば愁なきに似たり	致知2019年11月号
精進する	致知2019年12月号

第二章　道をひらく

自律自助	致知2020年1月号
心に残る言葉	致知2020年2月号
意志あるところ道はひらく	致知2020年3月号
命ある限り歩き続ける	致知2020年4月号
先達に学ぶ	致知2020年5月号

第三章　命を燃やして生きる

鞠躬尽力	致知2020年6月号
百折不撓	致知2020年7月号
鈴木大拙に学ぶ人間学	致知2020年8月号
人間を磨く	致知2020年9月号

著者略歴

藤尾秀昭（ふじお・ひであき）

昭和53年の創刊以来、月刊誌『致知』の編集に携わる。54年に編集長に就任。平成4年に致知出版社代表取締役社長に就任。現在、代表取締役社長兼編集長。『致知』は「人間学」をテーマに一貫した編集方針を貫いてきた雑誌で、平成30年、創刊40年を迎えた。有名無名を問わず、「一隅を照らす人々」に照準をあてた編集は、オンリーワンの雑誌として注目を集めている。主な著書に『小さな人生論1～5』『小さな修養論1～4』『小さな経営論』『心に響く小さな5つの物語Ⅰ～Ⅲ』『プロの条件』『安岡正篤 心に残る言葉』『ポケット名言集「小さな人生論」』『人生の大則』『長の十訓』『生き方のセオリー』などがある。

小さな修養論5

――「致知」の言葉――

令和三年九月一五日第一刷発行

著　者　藤尾　秀昭

発行者　藤尾　秀昭

発行所　致知出版社

〒150-0001　東京都渋谷区神宮前四の二十四の九

TEL（〇三）三七九六―二一一一

印刷・製本　中央精版印刷

落丁・乱丁はお取替え致します。　（検印廃止）

ISBN978-4-8009-1256-5 C0095

ホームページ　https://www.chichi.co.jp

Eメール　books@chichi.co.jp